Name:

Verbinde 14 Punkte

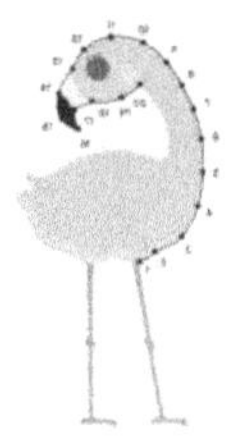 

Verbinde 20 Punkte

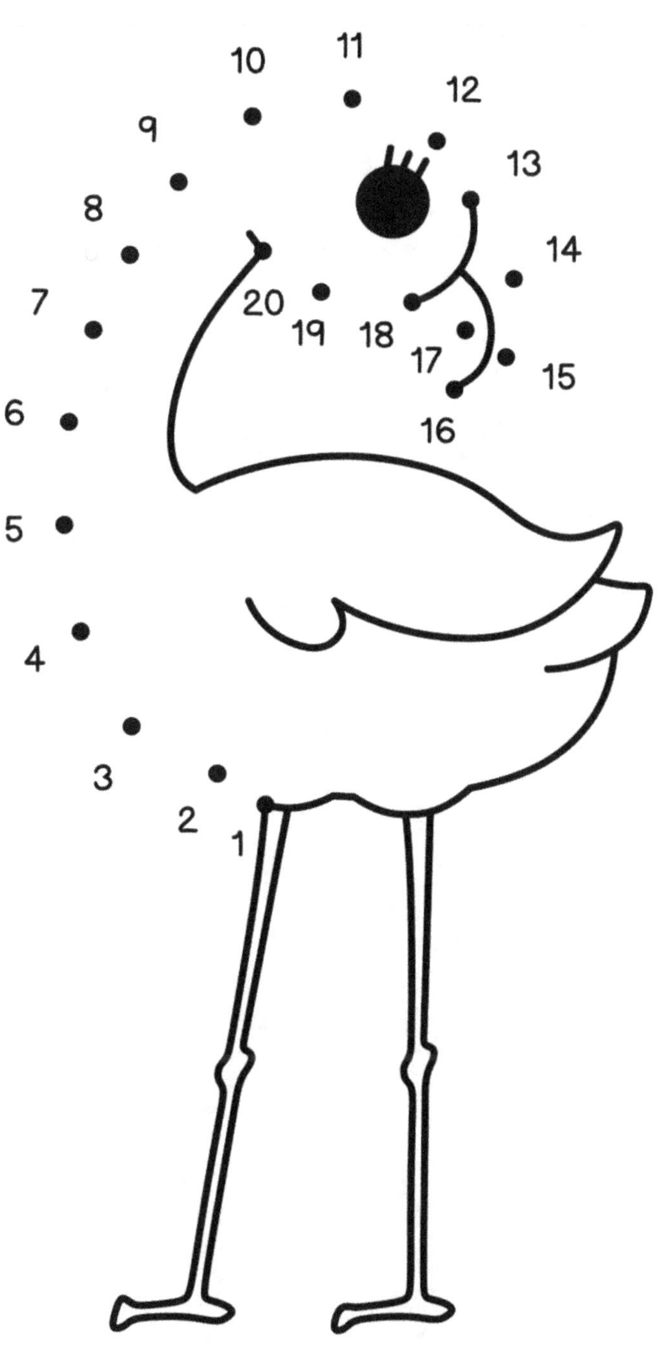

Verbinde 20 Punkte

Verbinde 20 Punkte

Verbinde 27 Punkte

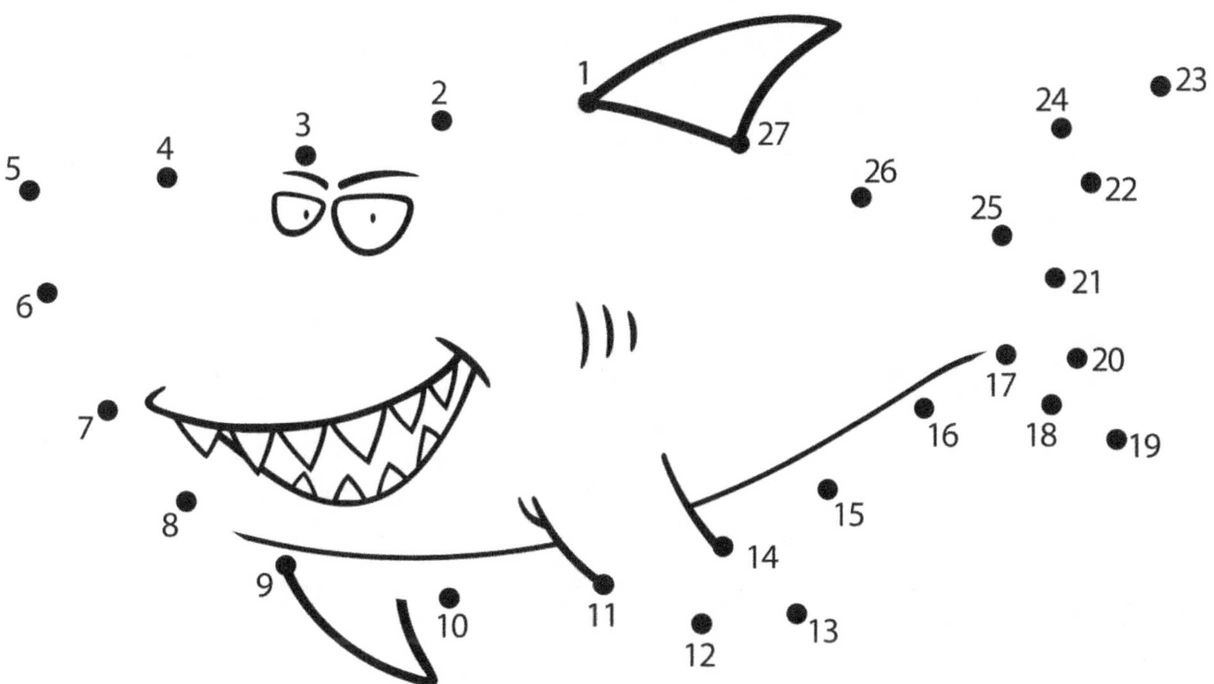

 # Verbinde 27 Punkte 

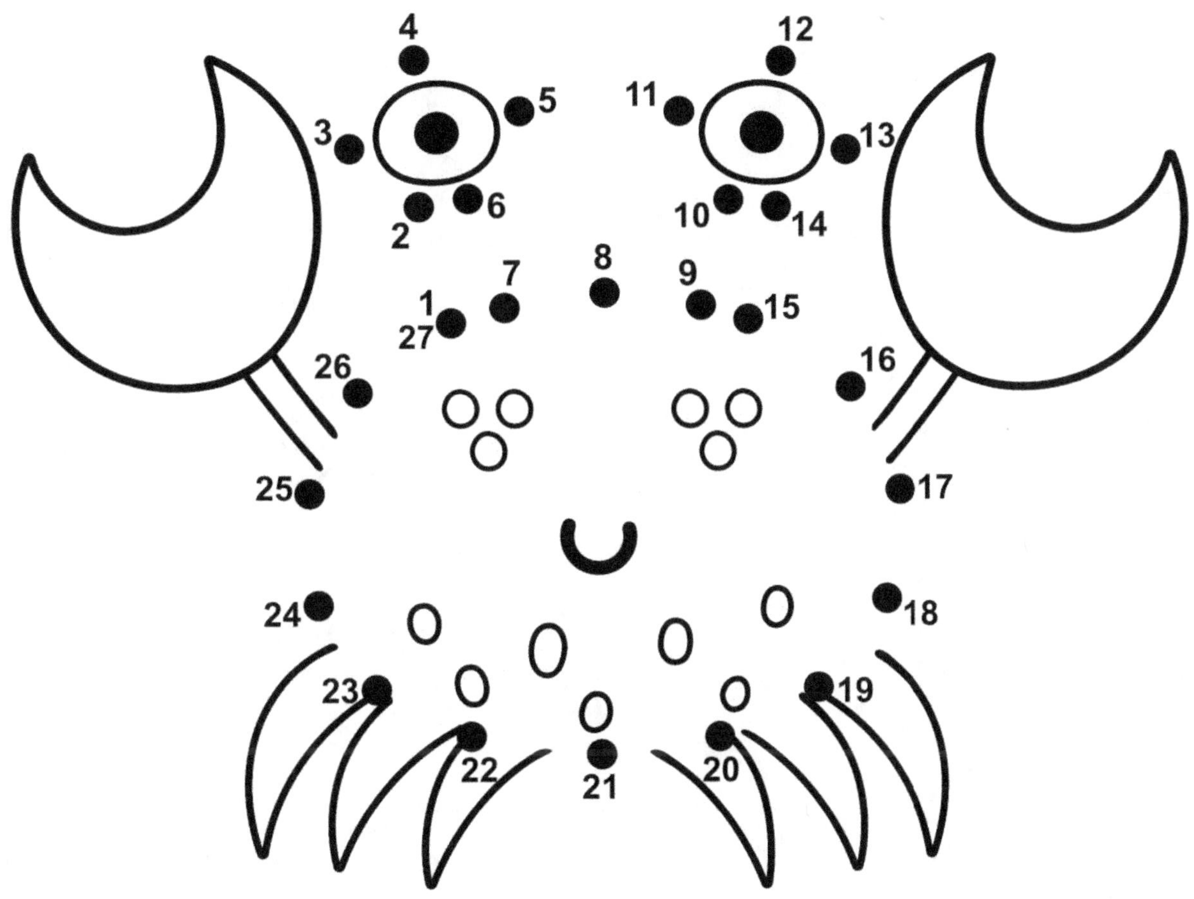

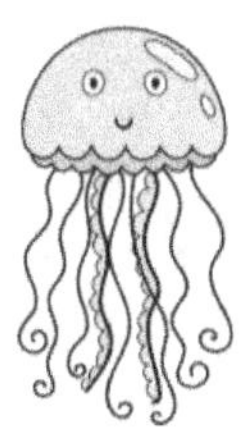

Verbinde 22 Punkte

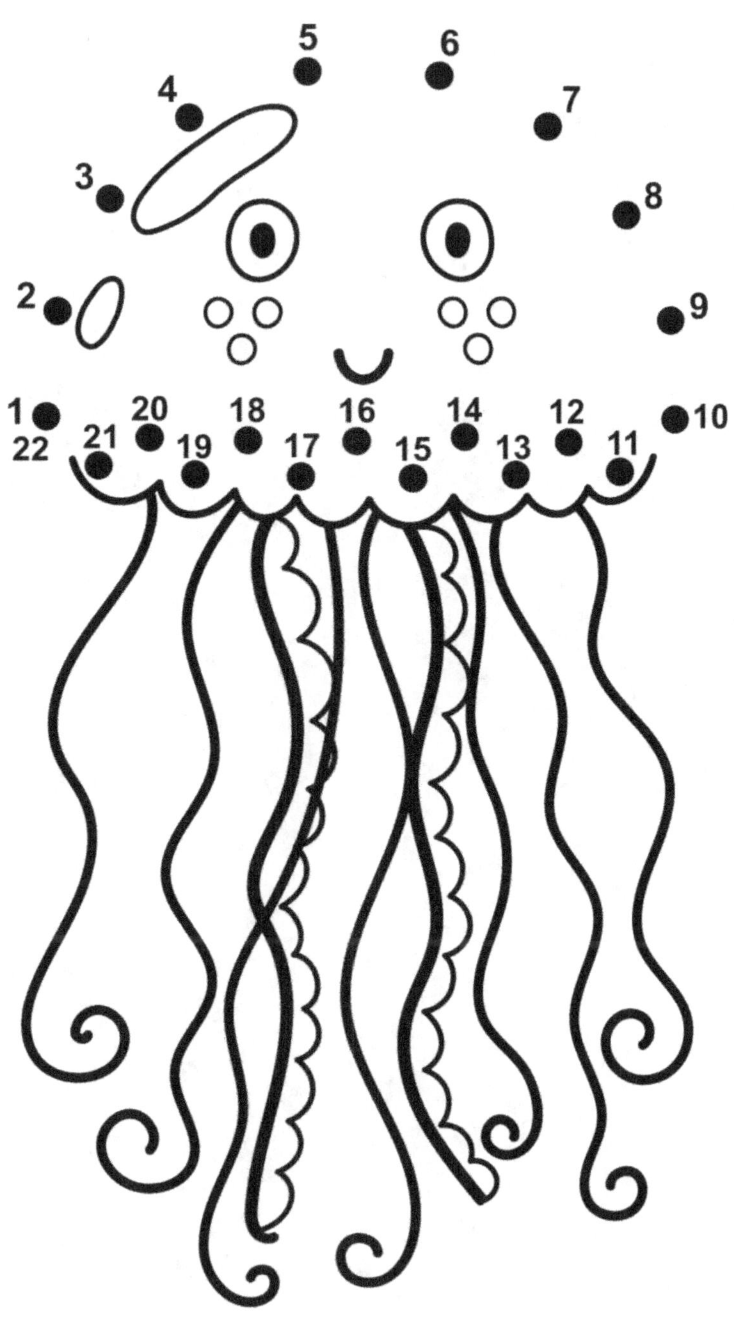

Verbinde 30 Punkte

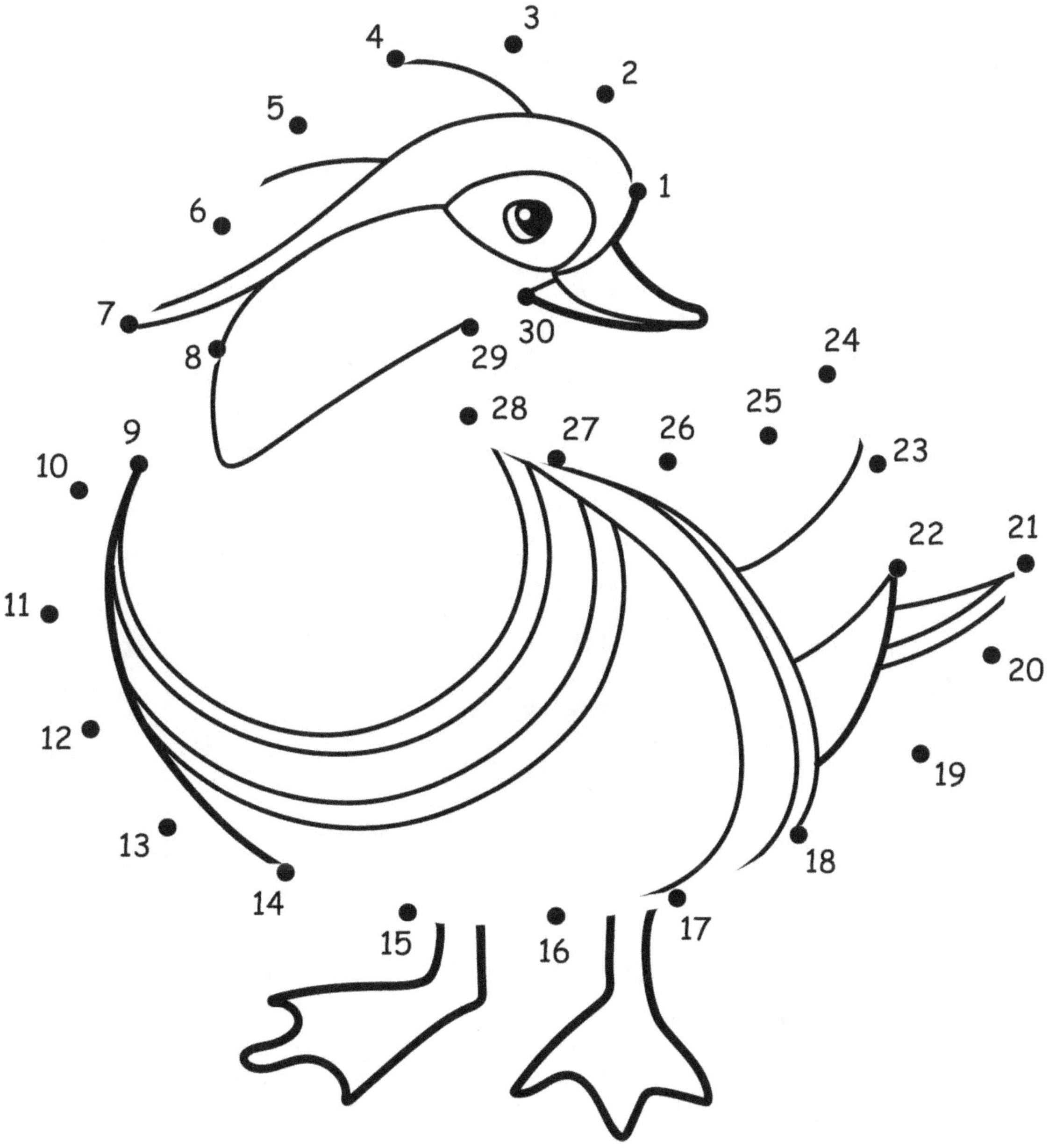

Verbinde 30 Punkte

Verbinde 30 Punkte

Verbinde 30 Punkte

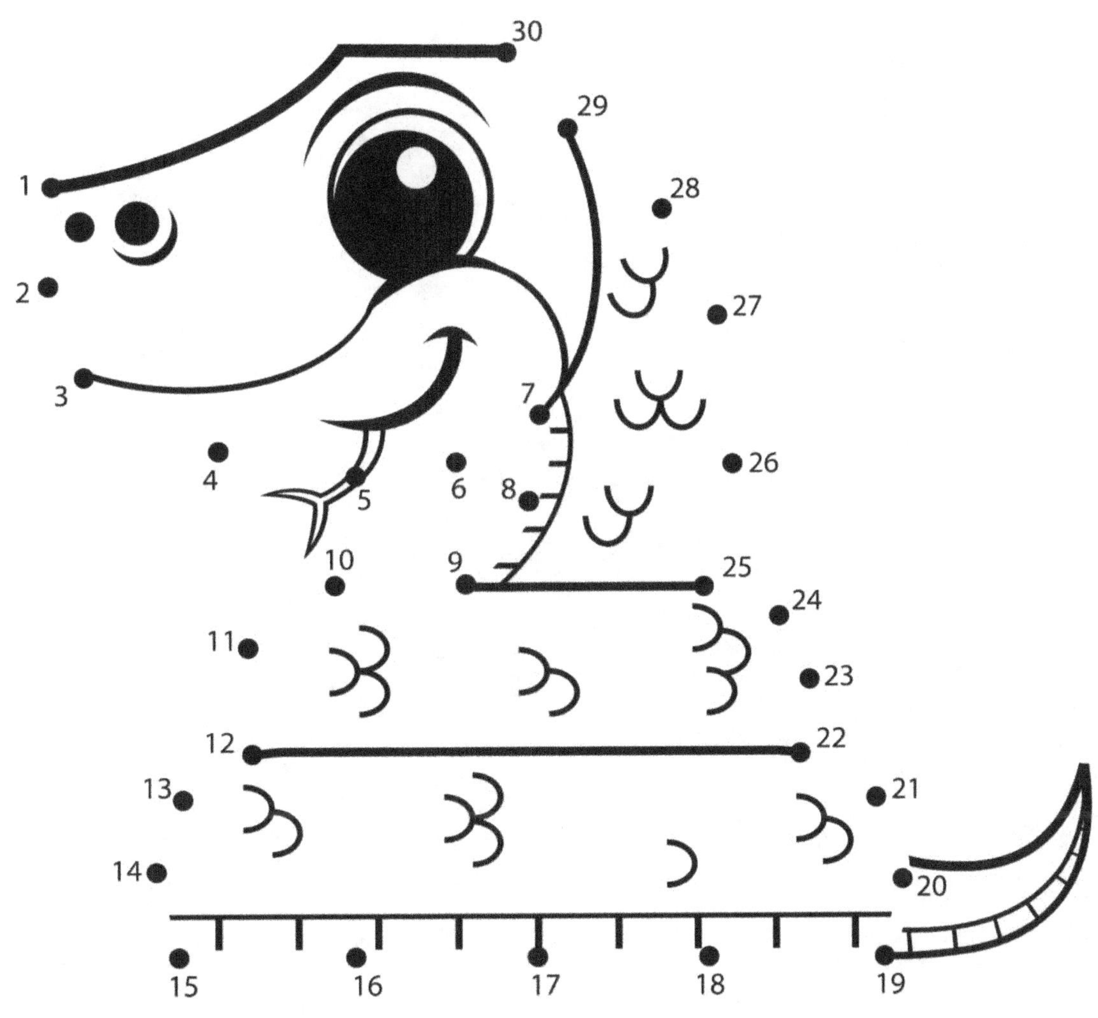

 # Verbinde 30 Punkte 

Verbinde 30 Punkte

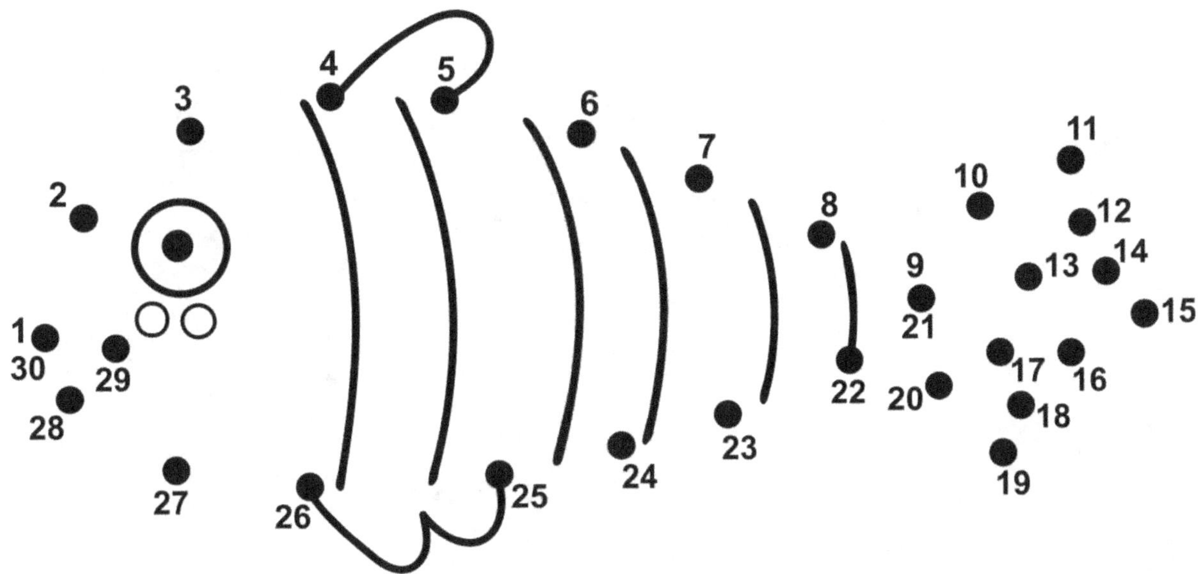

 # Verbinde 30 Punkte 

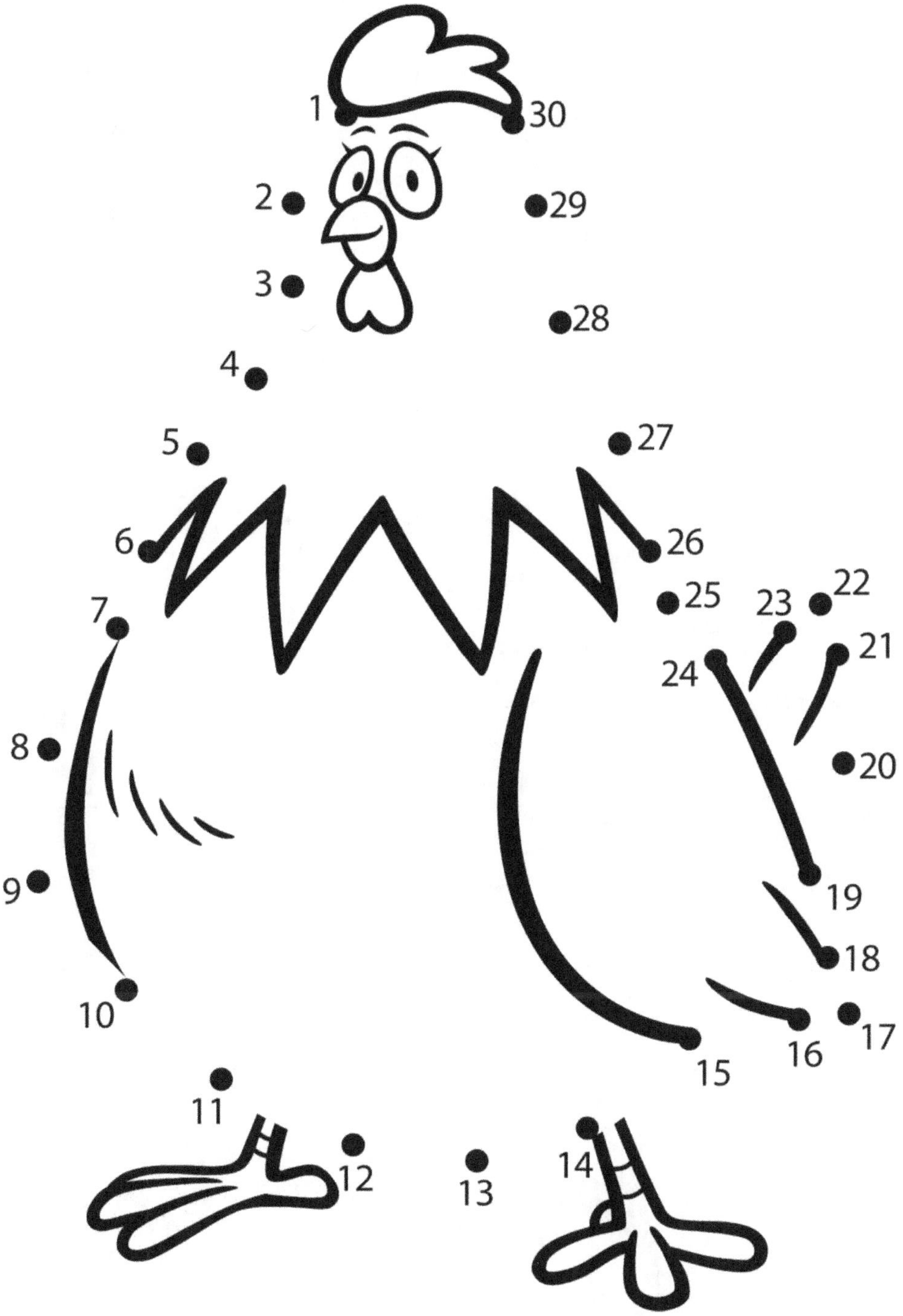

Verbinde 33 Punkte

# Verbinde 35 Punkte 

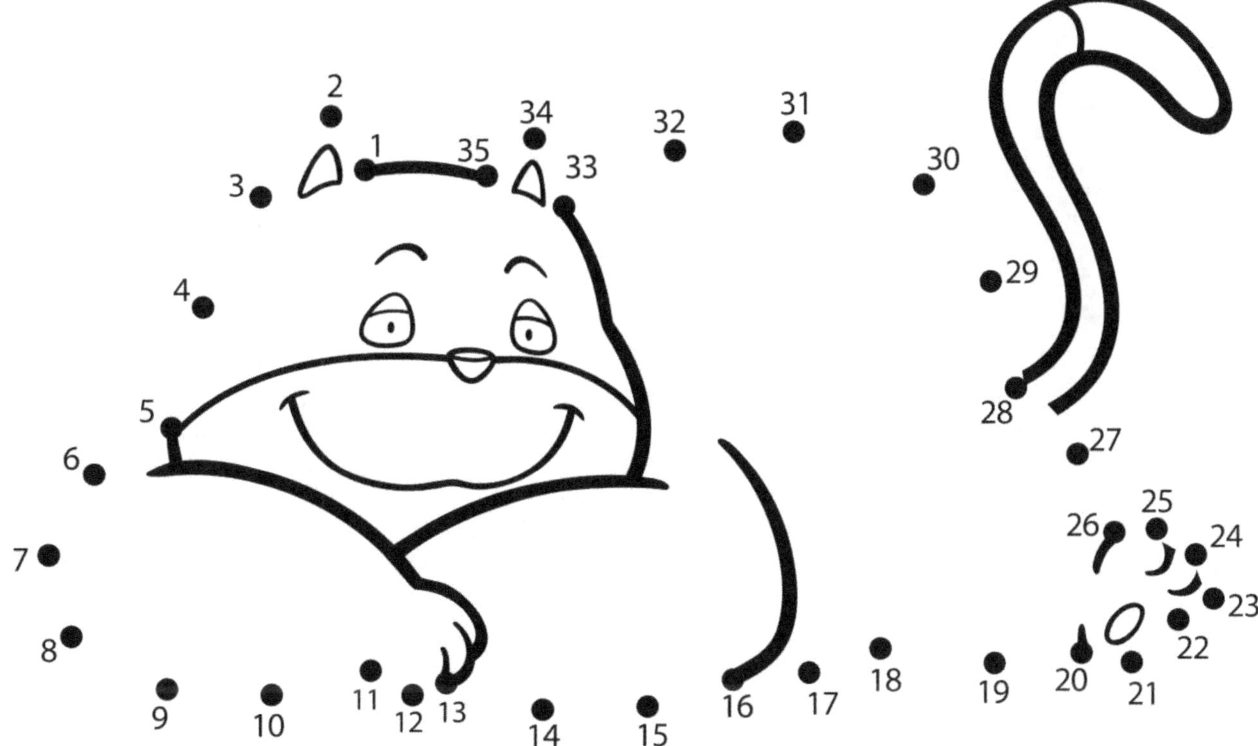

 # Verbinde 37 Punkte 

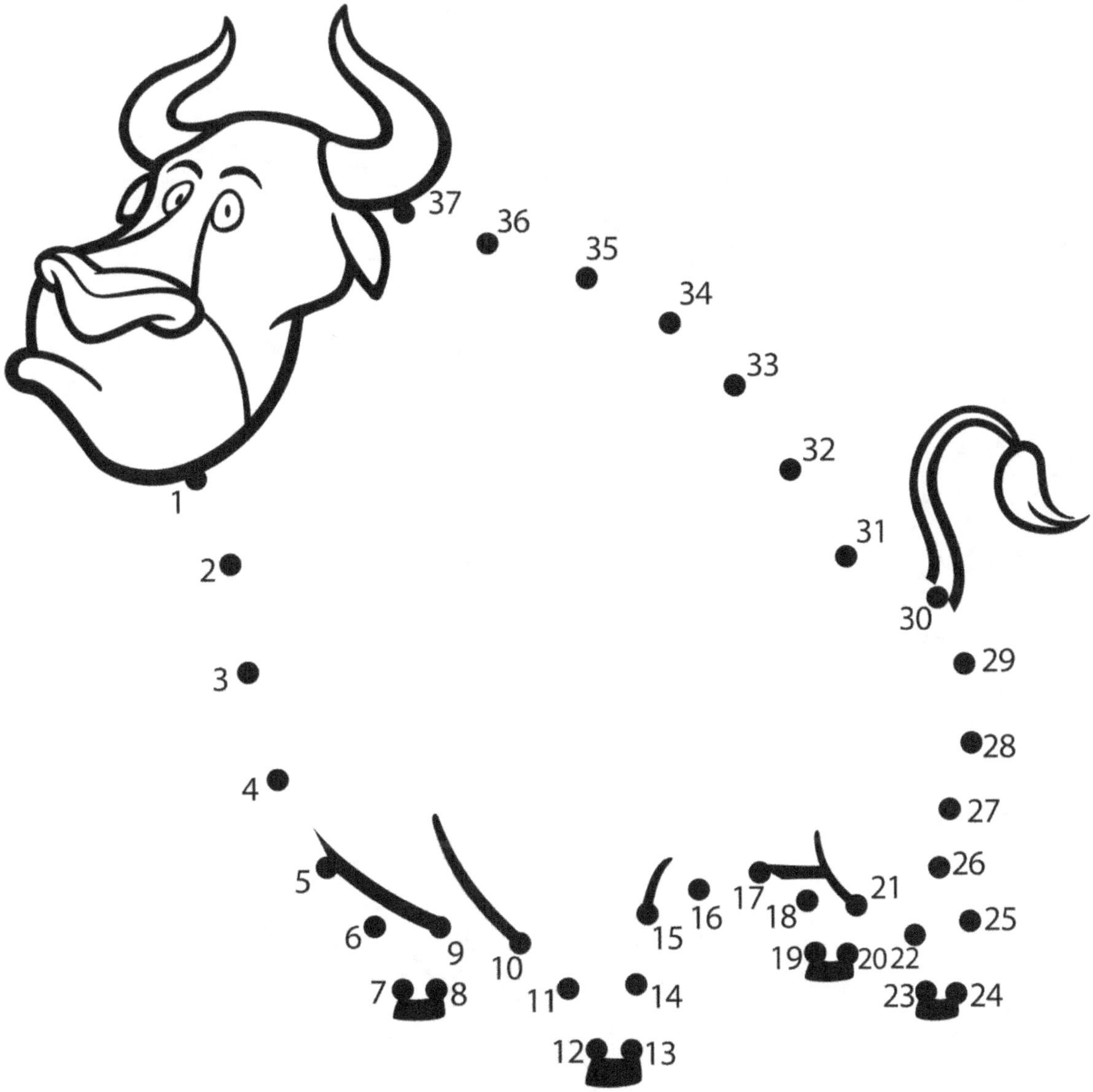

Verbinde 38 Punkte

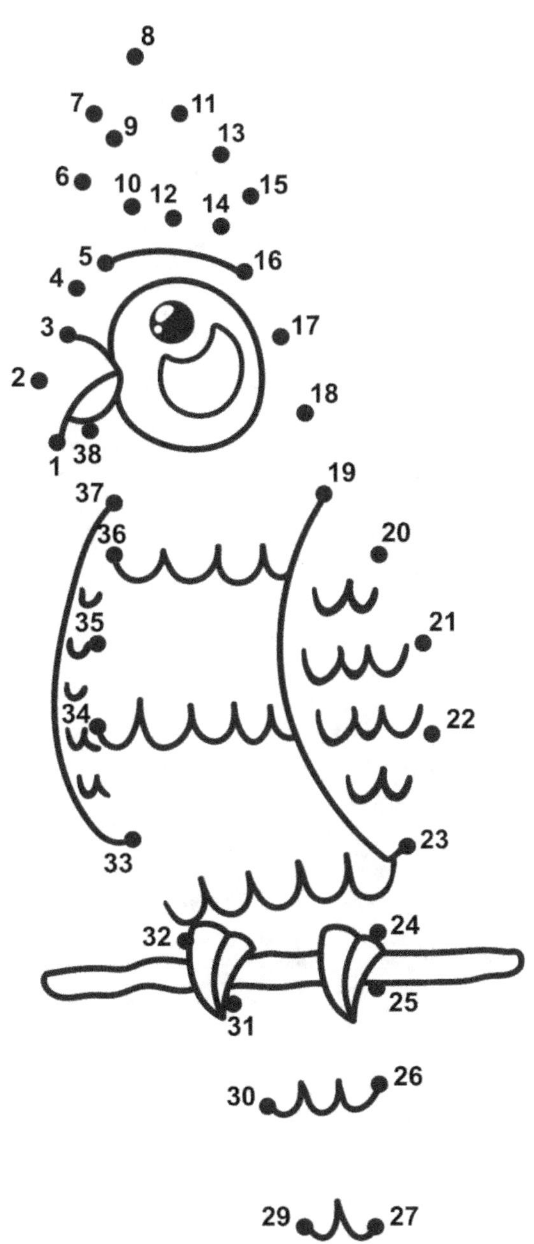

Verbinde 39 Punkte

 # Verbinde 40 Punkte 

Verbinde 40 Punkte

 # Verbinde 40 Punkte 

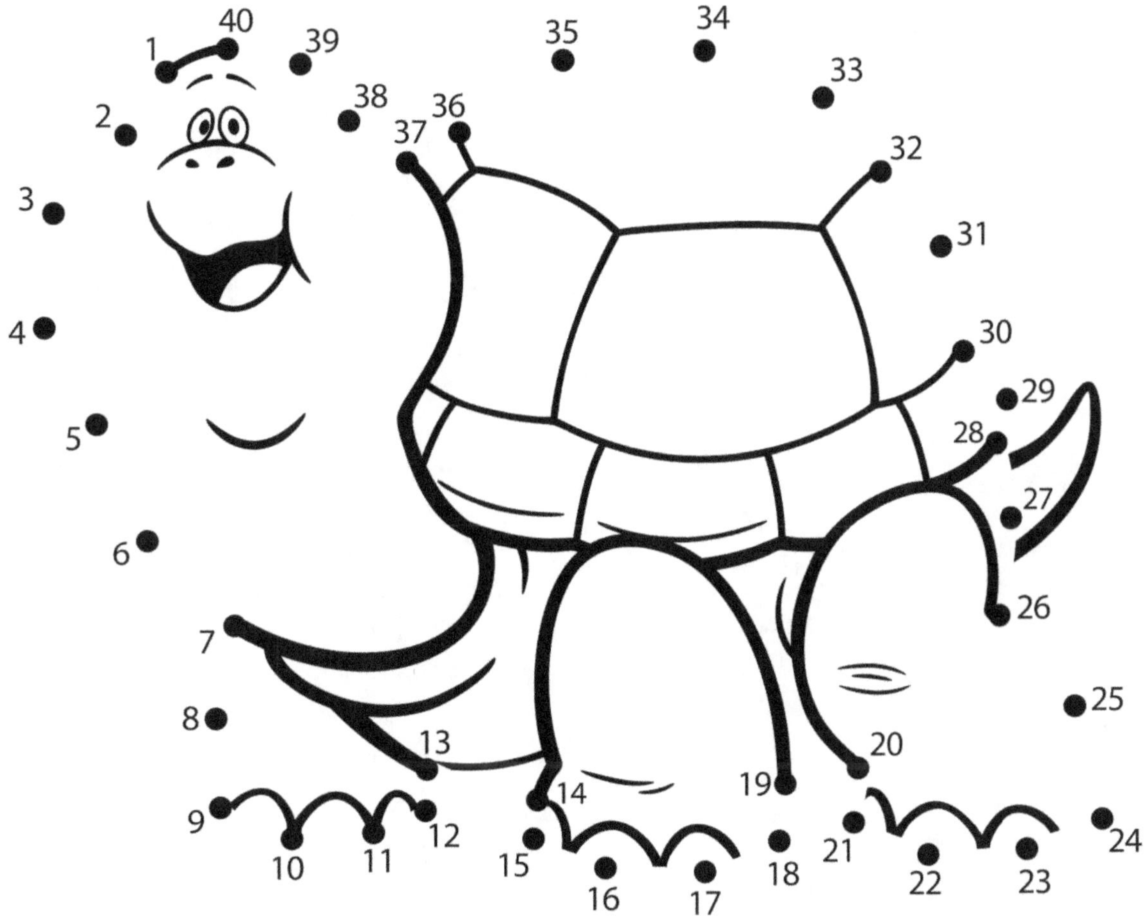

 # Verbinde 40 Punkte 

 # Verbinde 41 Punkte 

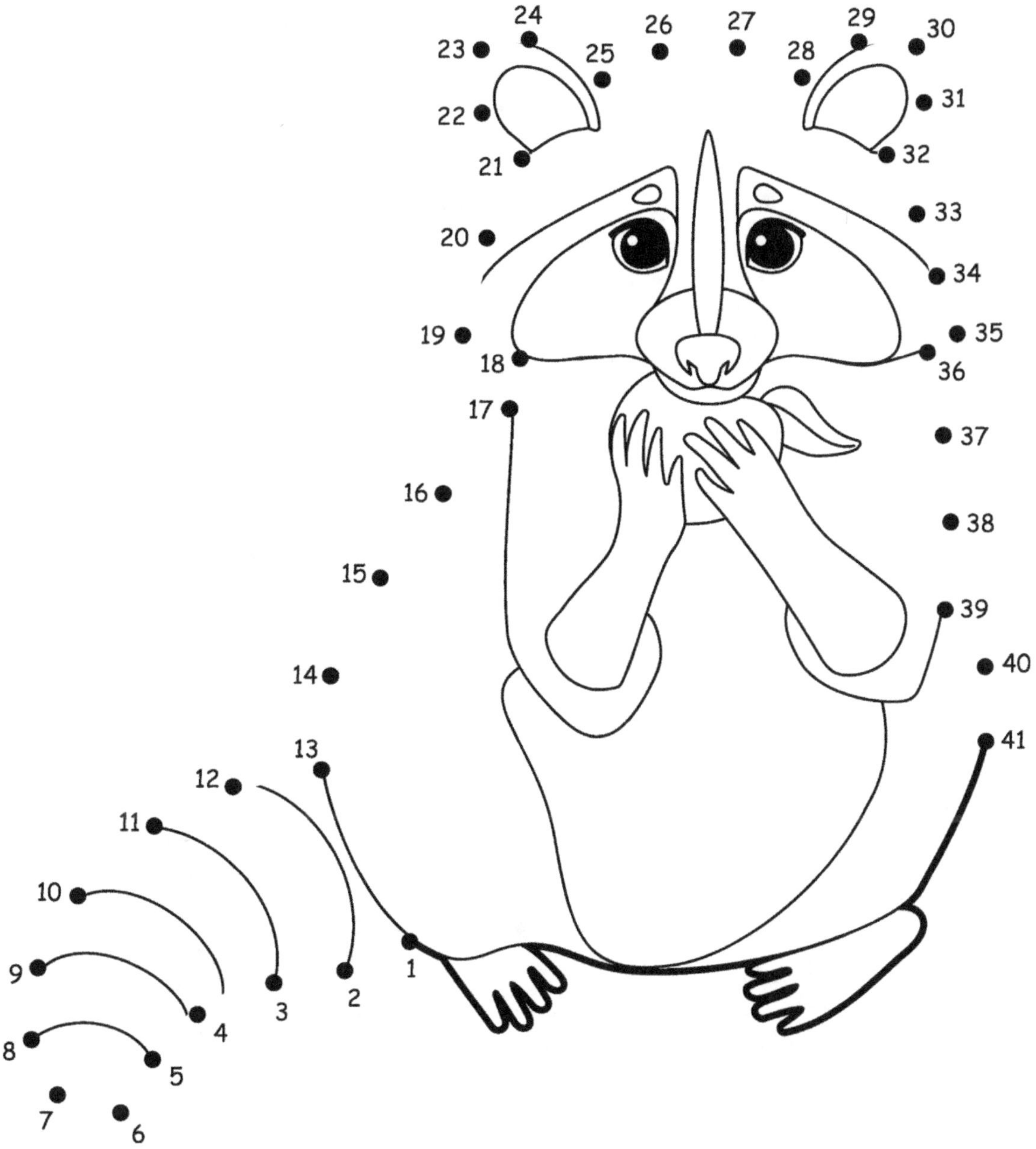

 # Verbinde 43 Punkte 

 # Verbinde 45 Punkte 

# Verbinde 47 Punkte

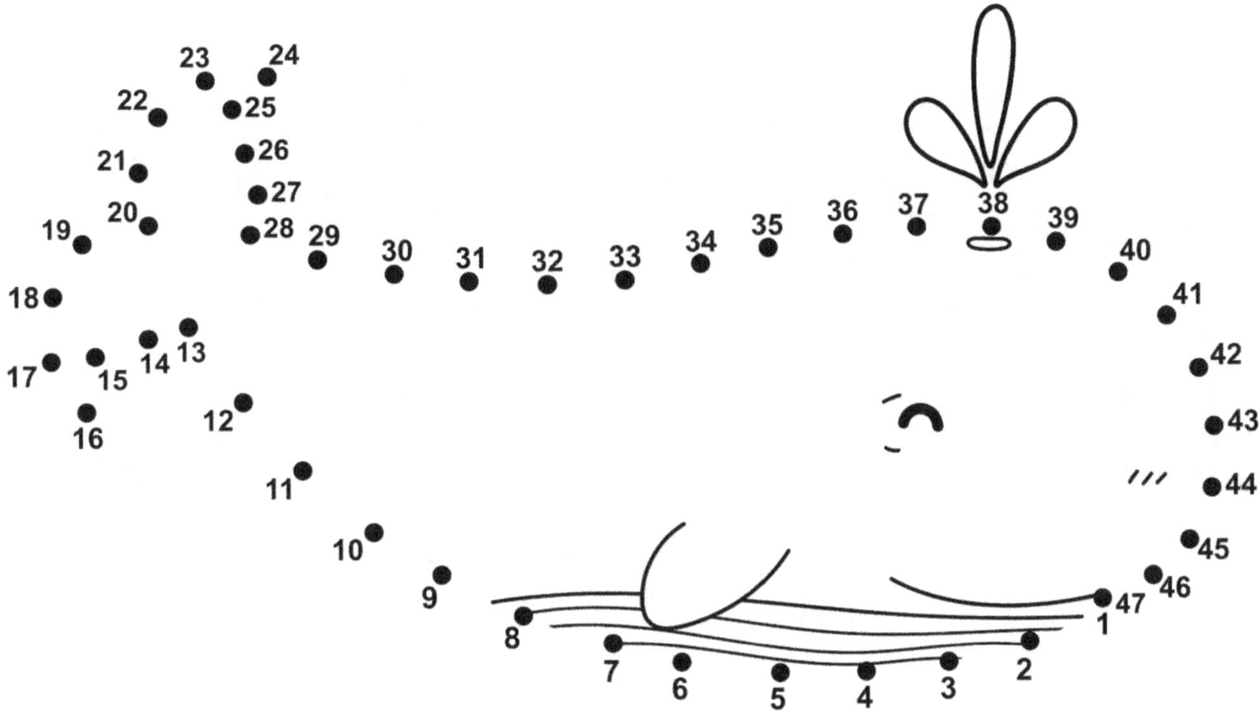

Verbinde 48 Punkte

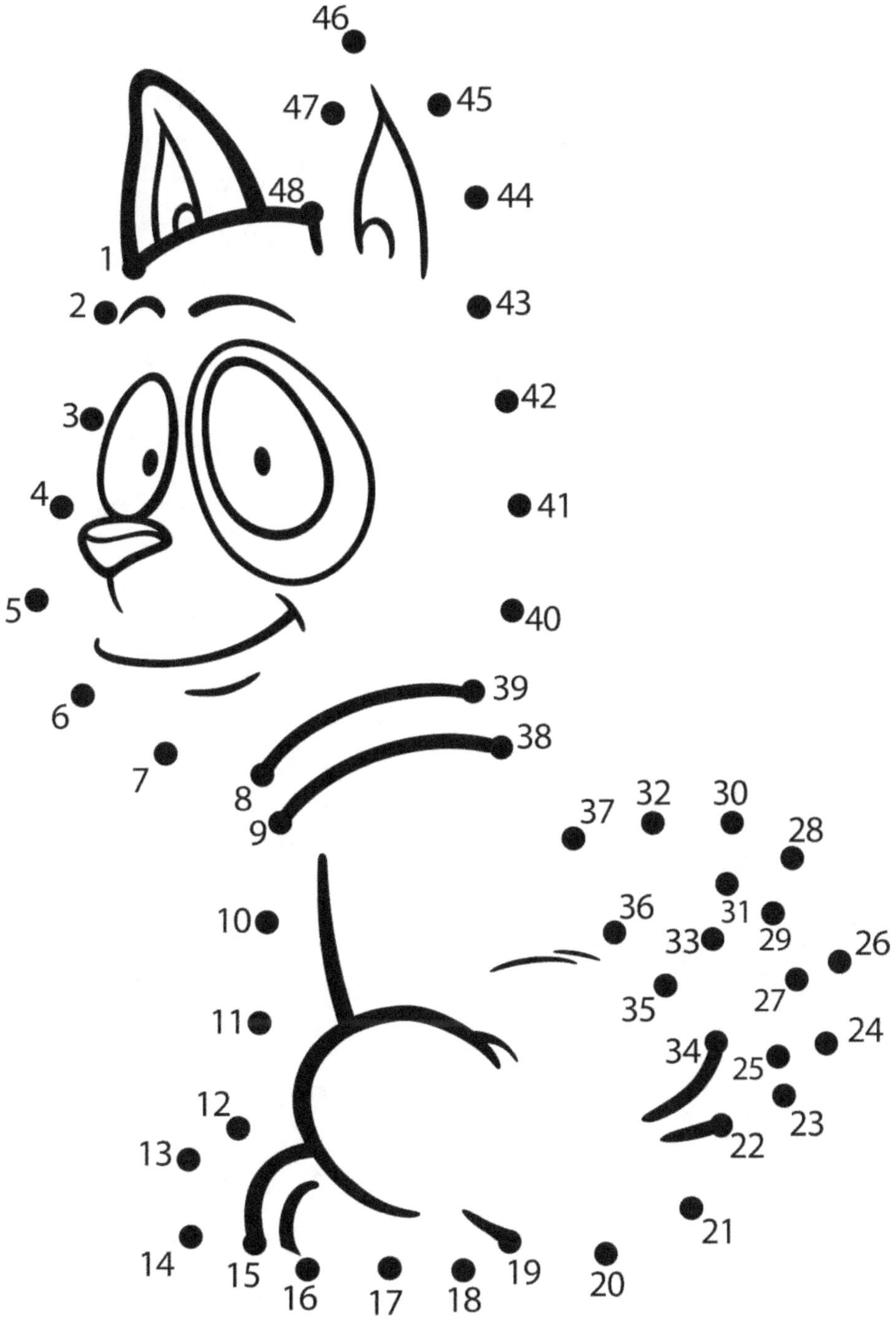

 # Verbinde 49 Punkte 

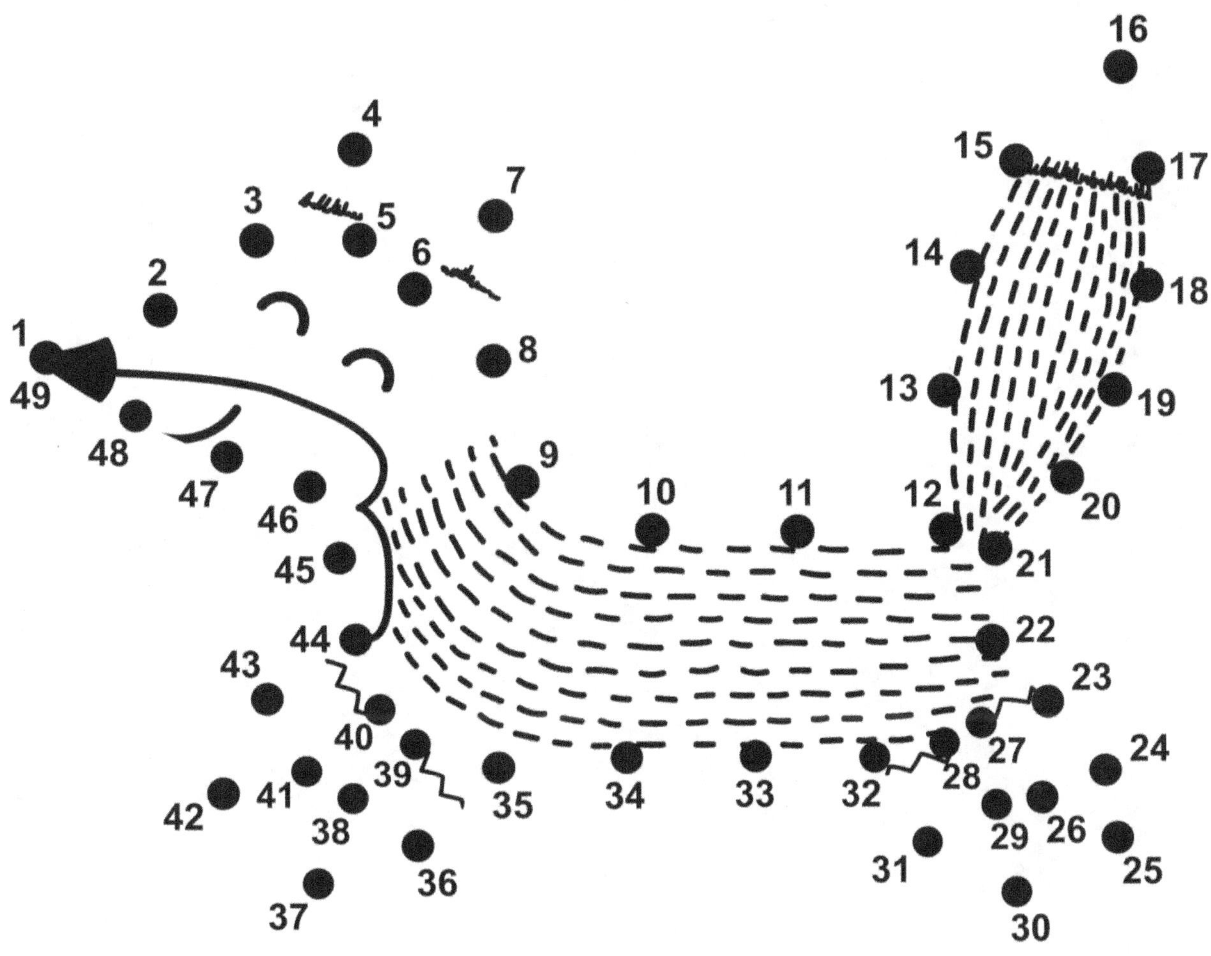

Verbinde 51 Punkte

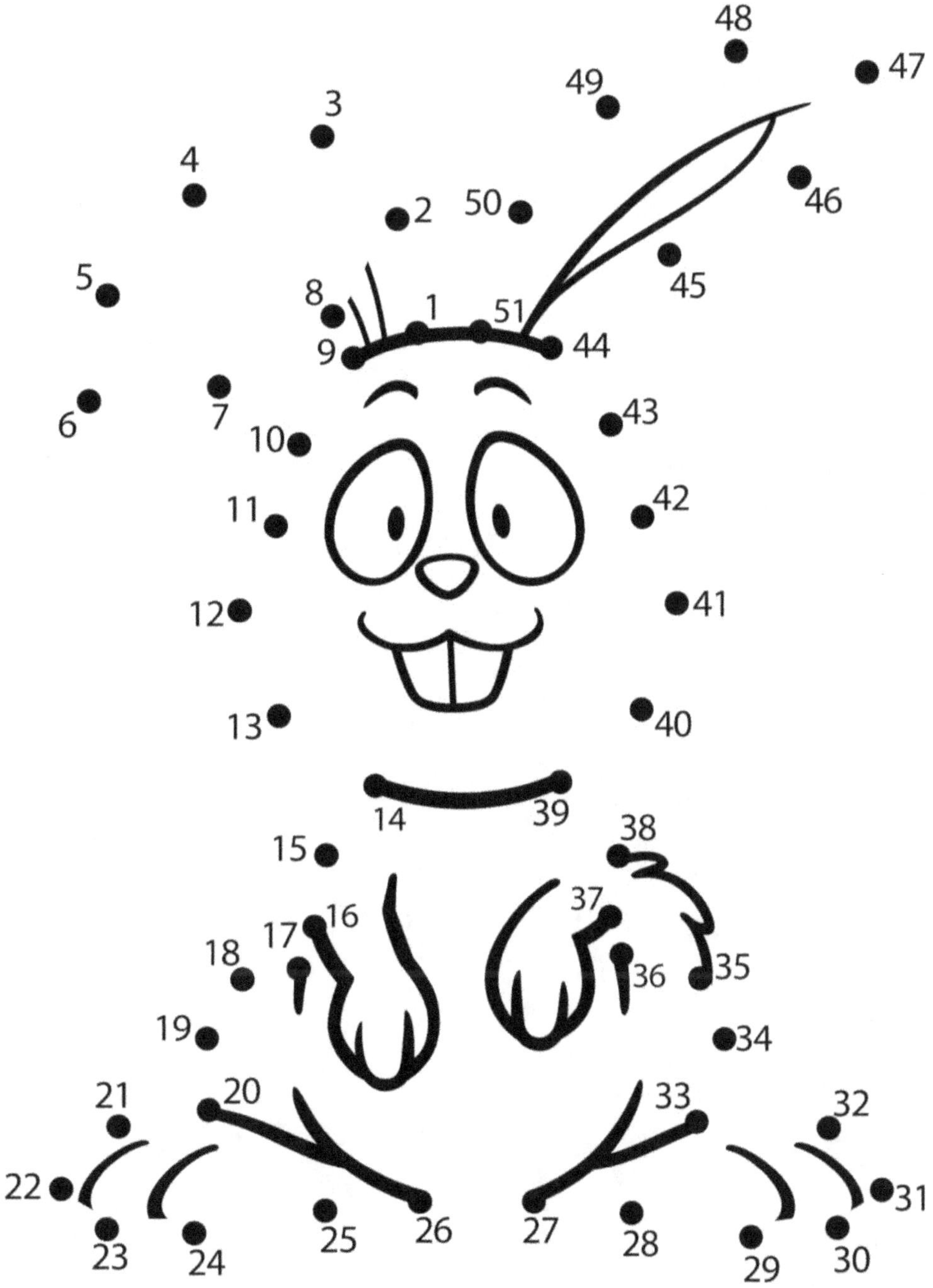

Verbinde 51 Punkte

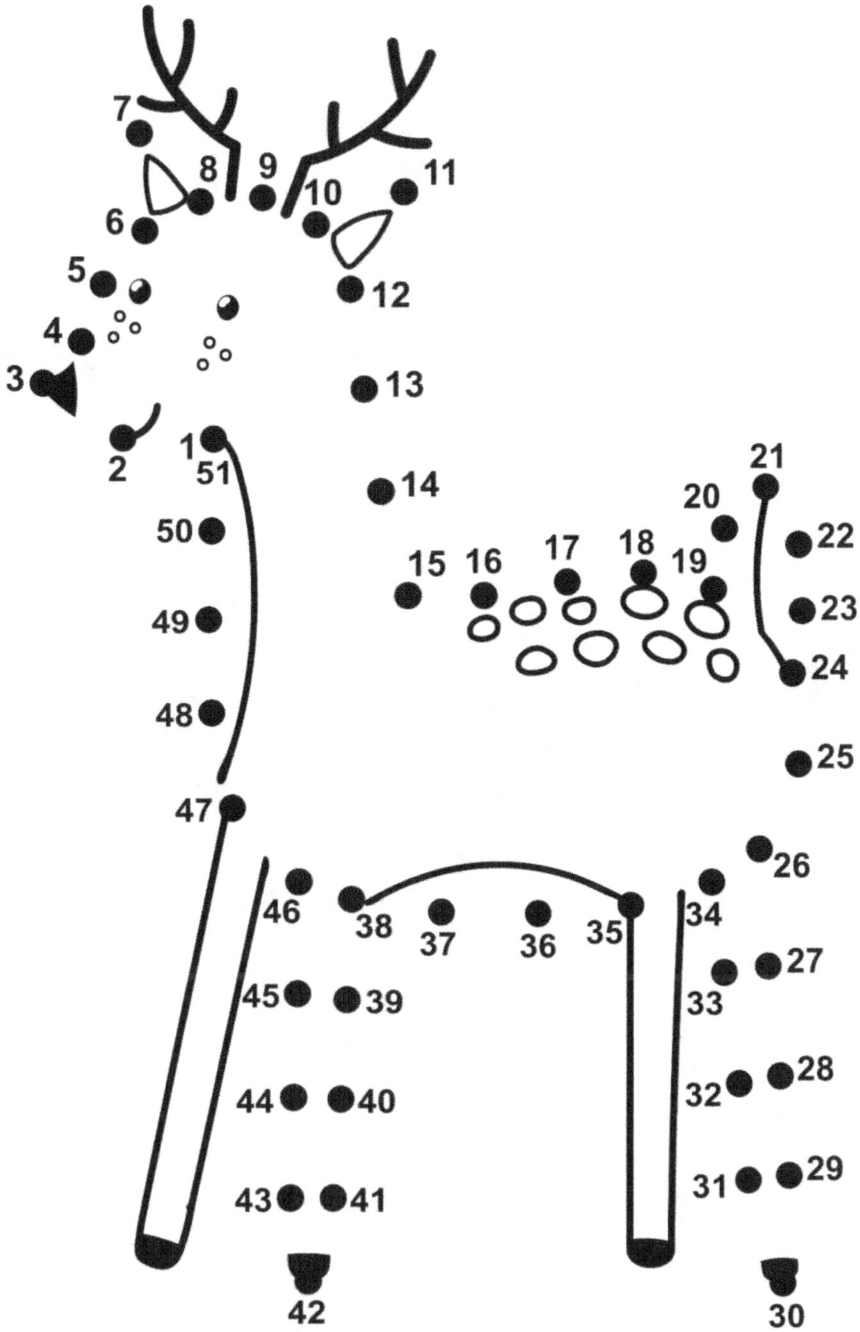

 # Verbinde 54 Punkte 

Verbinde 54 Punkte

 # Verbinde 56 Punkte 

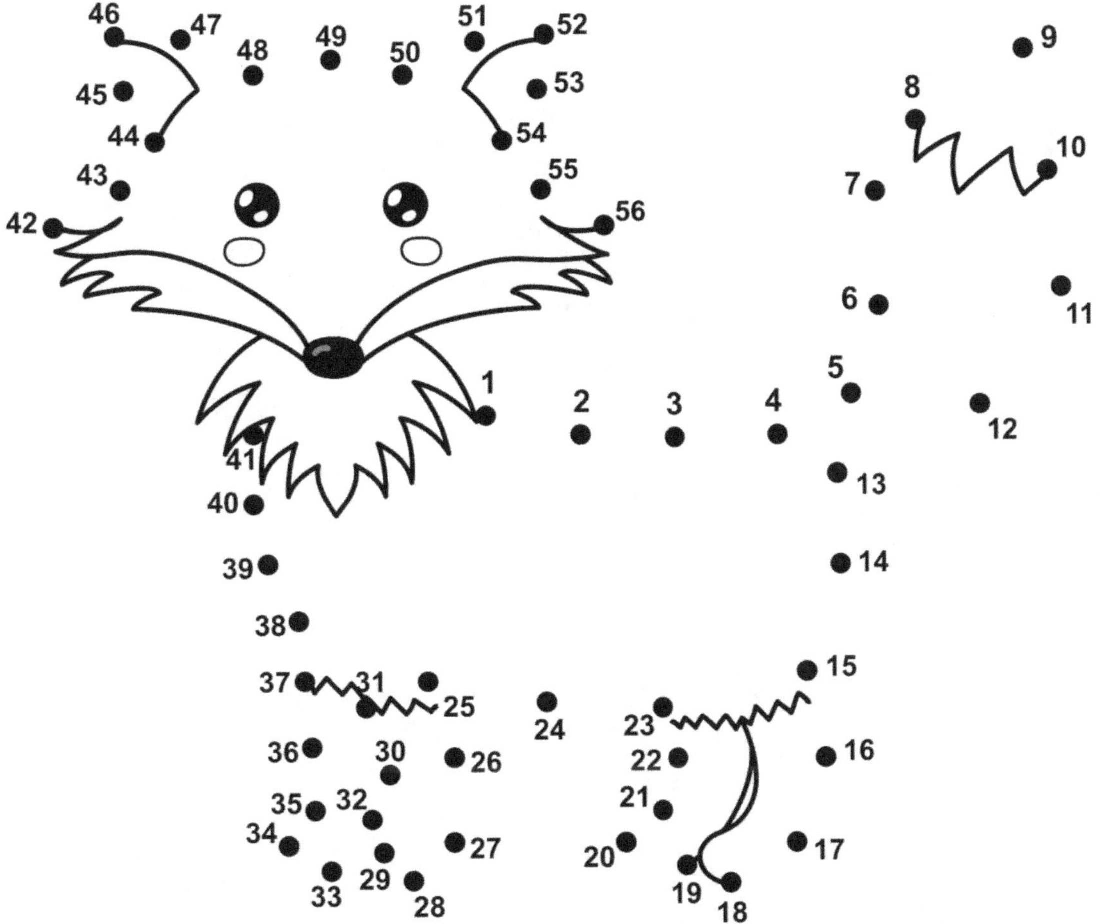

Verbinde 56 Punkte

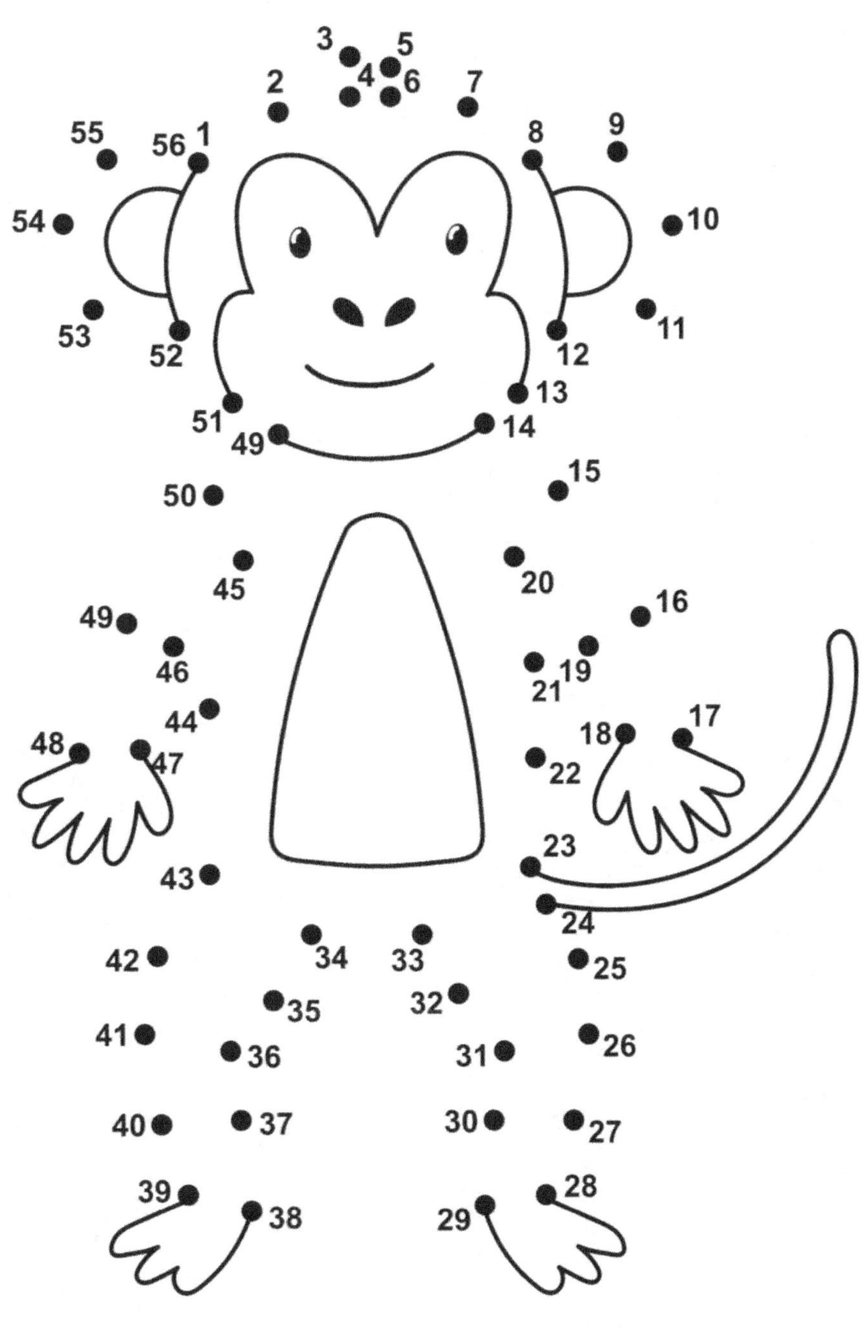

 # Verbinde 57 Punkte 

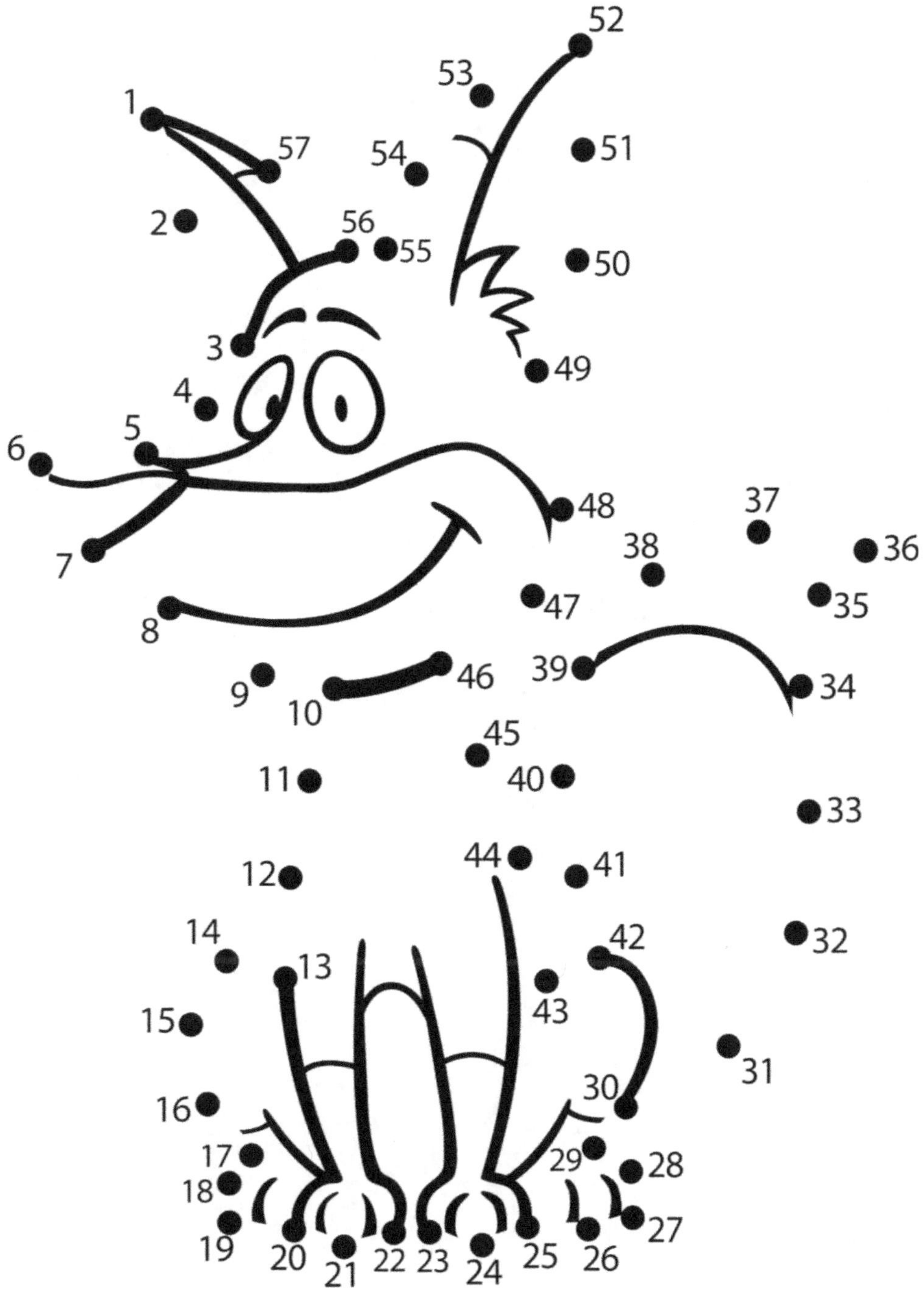

 # Verbinde 60 Punkte 

Verbinde 69 Punkte

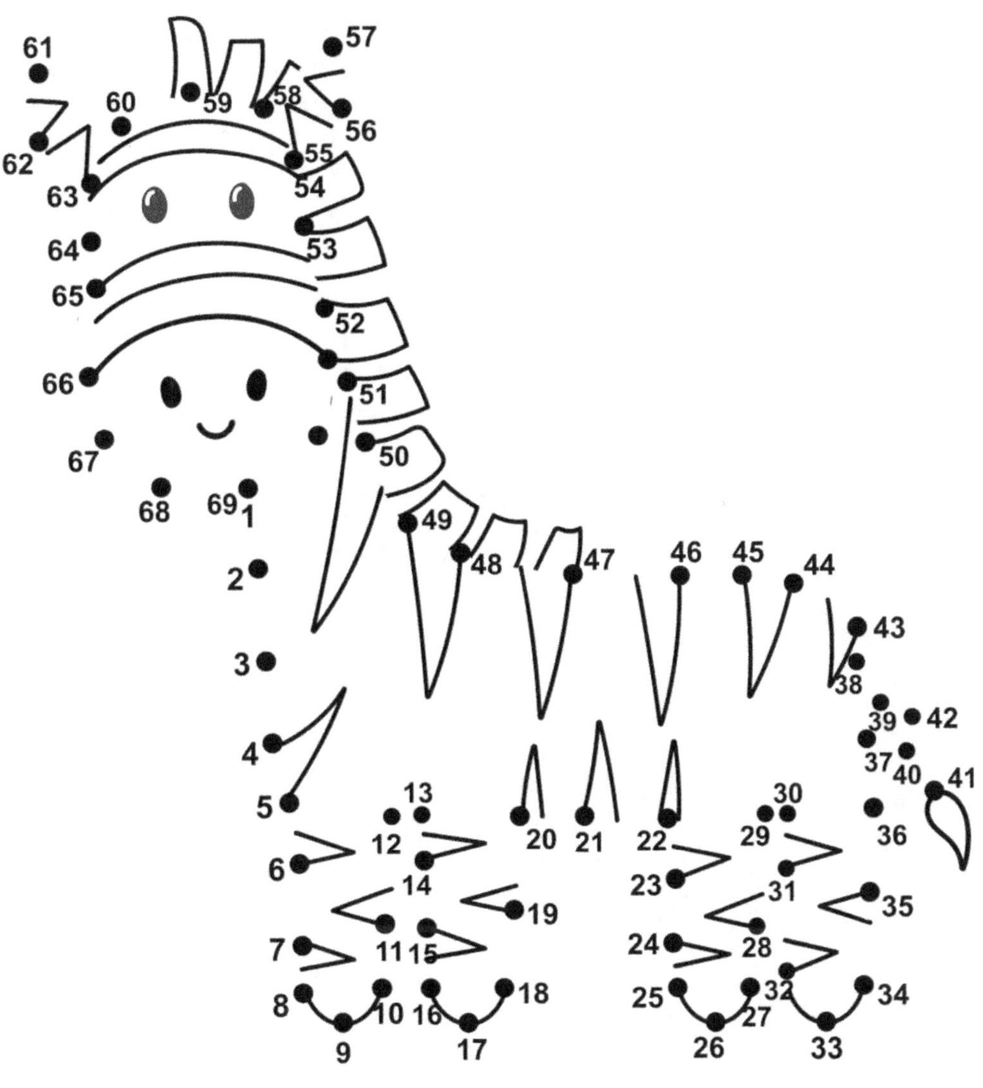

 # Verbinde 70 Punkte 

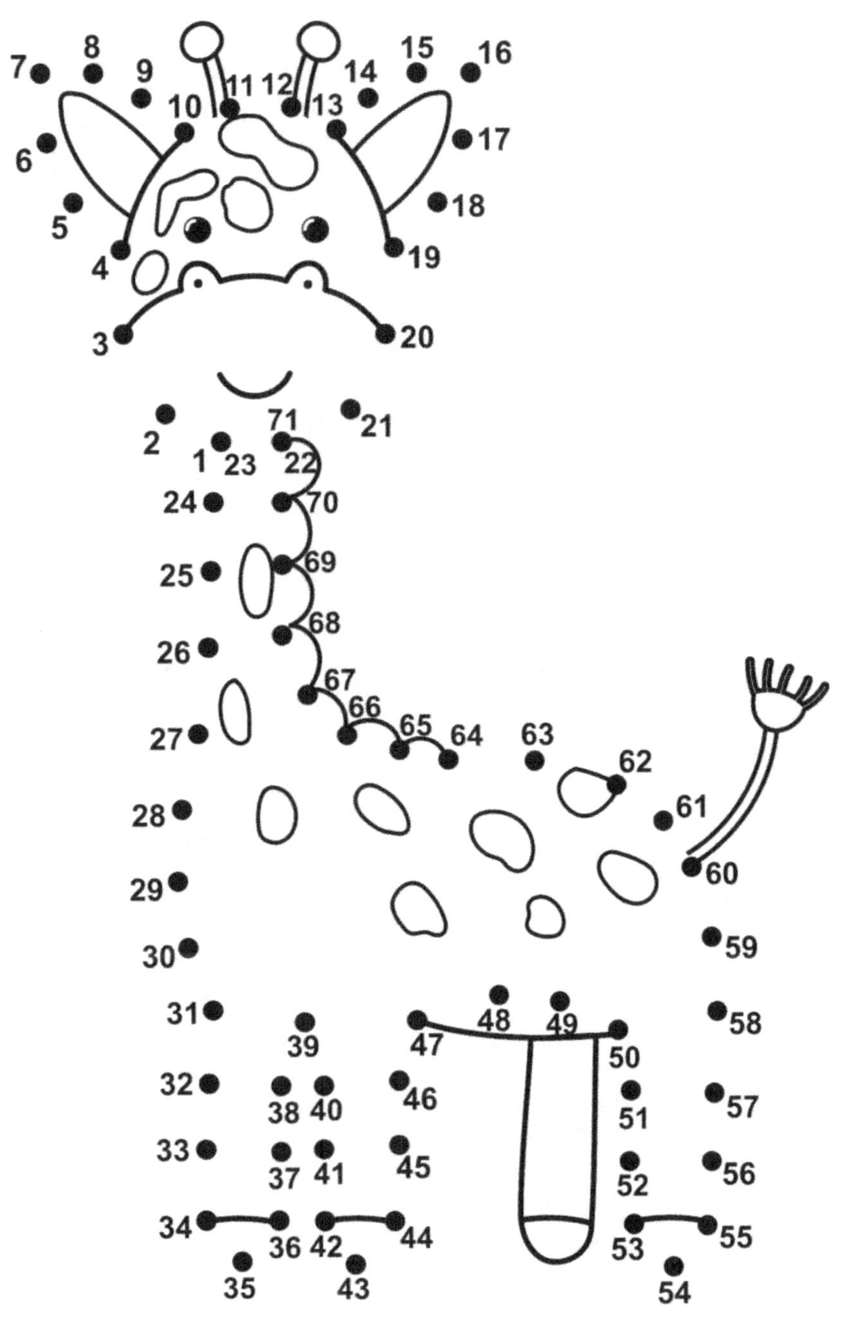

Verbinde 83 Punkte

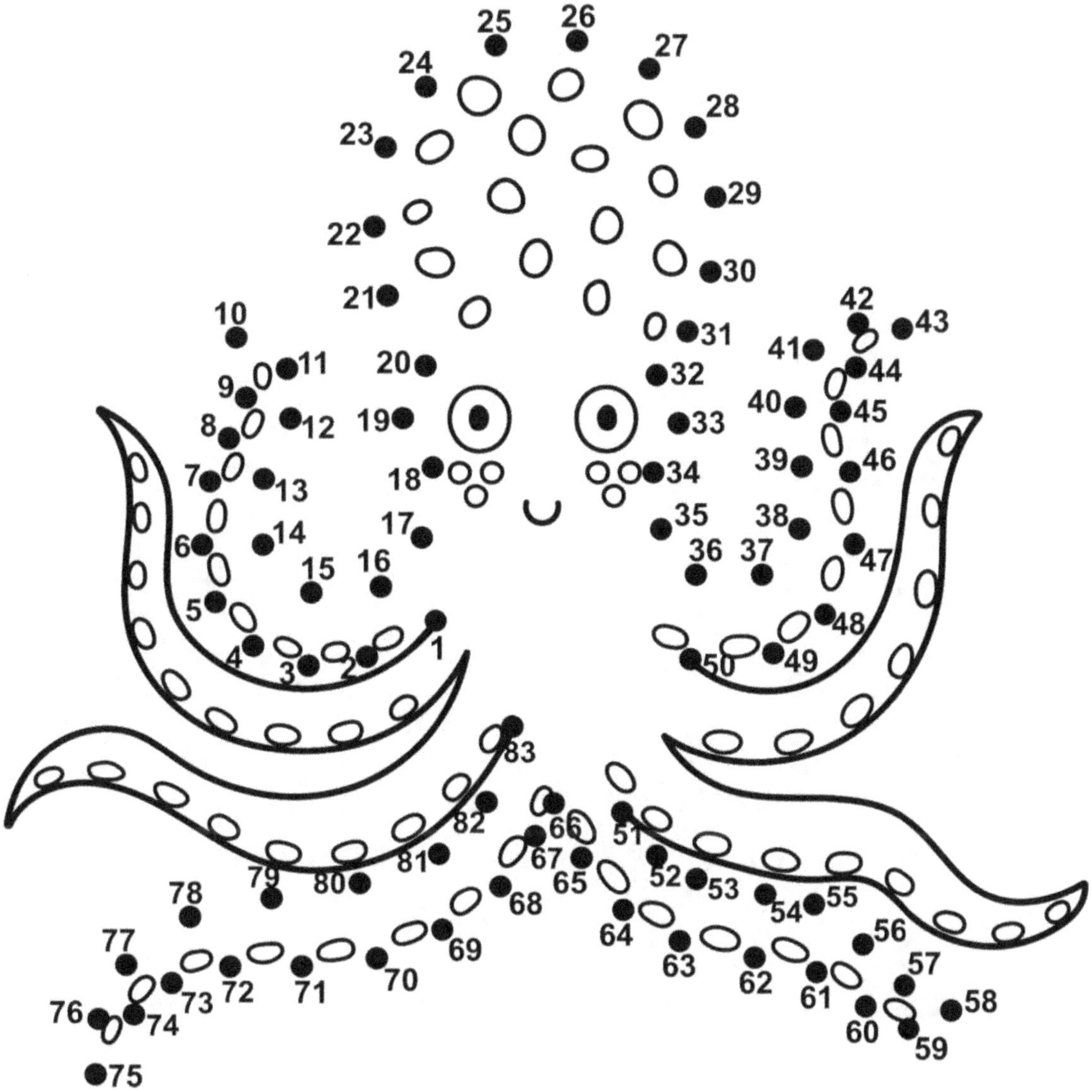